KB210515

프라하 선언

오직 신의 주권과 통치만을 주장한 개혁자의 격문

토마스 뮌처 지음

안성헌 옮김

도서출판 예장간

프라하 선언

지은이   토마스 뮌처
옮긴이   안성헌
초판발행 2024년 10월 24일

펴낸이   배용하
책임편집 배용하

등록   제364-2008-000013호
펴낸 곳   도서출판 대장간
              www.daejanggan.org
등록한 곳 충청남도 논산시 가야곡면 매죽헌로1176번길 8-54
편집부   전화 (041) 742-1424
영업부   전화 (041) 742-1424 · 전송 0303-0959-1424
ISBN   978-89-7071-712-8   03230

분류   기독교 | 아나뱁티스트 | 종교개혁

  값 7,000원

Das Prager Manifest
(1521)

by

Thomas Müntzer

Korean Translation by Sungheon Ahn

목 차

토마스 뮌처와 독일 농민 전쟁에 관한 사진 자료

TOMAS MVNCER PREDIGER ZV ALSTET IN DVRINGEN.

토마스 뮌처의 초상화
그림 맨 아래에 "튀링겐 주 알슈테트의 설교자 토마스 뮌처"라고 적혀 있다.

뮌처가 태어난 슈톨베르크 임 하르츠(Stolberg im Harz)의 전경

뮌처가 말년에 활동한 뮐하우젠(Mühlhausen)의 전경

뮌처가 혁명적 신학사상을 키운
츠바카우에 세워진 동상

슈톨베르크 임 하르츠에
세워진 동상

뮐하우젠 성벽의 뮌처 석상

농민의 요구 사항을 12개 조항으로
정리한 『정강 12조』(1525)의 속표지

토마스 뮌처의 첫 신학 저작 『프라하 선언』(1521년 11월 1일) 초고
[독일 드레스덴 문서보관소]

『독일 종무국』(1523)의 표지

『날조된 믿음에 관하여』(1524)의 표지

『저항 또는 제안』(1524)의 첫 번째 장

마르틴 루터(Martin Luther, 1483~1546)의 초상화
초기 루터는 뮌처에게 영향을 미쳤다.
그러나 사상과 정견에서 점점 이견을 보였고,
결국 농민 반란으로 완전히 갈라졌다.

참전 농민군

중세 유럽 사회의 신분제에 대한 풍자화
[나무의 맨 아래에 농민이 깔려 신음한다]

울고 있는 농부의 아내
(알브레히트 뒤러의 작품)

「독일의 초기 시민 혁명」(파노라마화)
베르너 튀프케(Werner Tübke, 1929~2004), 바트 프랑켄하우젠
[가운데 하늘 높이 두 손을 뻗은 인물이 토마스 뮌처이며,
그의 오른쪽에 선 인물이 마르틴 루터이다]

토마스 뮌처 탄생
500주년 기념 메달
(뮐하우젠, 1989)

동독 국정 화폐
5마르크의 인물로
토마스 뮌처를
선정했다

1525년 농민전쟁 당시 포위된 도시

「위대하신 루터파 바보들」(1522)
-토마스 무르너(Thomas Murner)

엘사스 오베른하임(현 프랑스 오베르네) 출신의
신학자 토마스 무르너의 작품이다.
한쪽 발에 새겨진 수도사는 마르틴 루터이고, 반대쪽
발에 새겨진 손은 멸망한 농민 반란군을 상징한다.
루터파와 농민 반란군 모두의 멸망을 조롱하는
작품이다.

옮긴이 글

철저한 개혁자, 토마스 뮌처

유럽 종교개혁의 역사에서 "토마스 뮌처"Thomas Müntzer 혹은
Münzer라는 이름은 빠지지 않는다. 그러나 그의 위치는 변두리
와 부록이었다. 마르틴 루터의 "안티테제"Antithese로 호출되거
나 좌익 종교개혁 세력으로 묶여 염가 처리됐다. 때로 뮌처의 이
름은 "쉽볼렛"Schibboleth 1이었다. 제대로 발음하지 못하면, 요단
나루터에서 죽음을 면치 못했던 에브라임 지파의 상황처럼, 그

---

1) "그에게 이르기를 쉽볼렛이라 발음하라 하여 에브라임 사람이 그렇게 바로
   말하지 못하고 십볼렛이라 발음하면 길르앗 사람이 곧 그를 잡아서 요단 강
   나루턱에서 죽였더라 그 때에 에브라임 사람의 죽은 자가 사만 이천 명이었
   더라."사사기 12장 6절.

의 이름과 사상을 들고 나오면, 폭력 전복과 급진 저항의 옹호자
요 기독교 신앙의 파괴자라는 낙인이 찍혔다.

어떤 사람들은 뮌처의 '급진 저항 운동'을 부각했다. 마르
크스와 엥겔스를 태두로 삼은 마르크스주의2, 특히 에른스트 블
로흐와 같은 학자는 뮌처를 "혁명 전통"의 선구자3로 추앙했다.
그러나 블로흐의 연구를 제외하면, 이들은 뮌처가 무엇보다 "목
회자이자 신학자"였다는 점과 그의 학문 여정에 중요한 위치를
차지하는 고대 교부나 중세 신비주의와 같은 점을 외면하거나
축소했다. 요컨대 뮌처의 활동을 추진했던 신학 사상과 정신,
학습 과정 등의 연속성을 간과한 채, 마르크스주의의 역사철학
과 인식론에 "필요한 뮌처"를 발췌하는 데 집중했다.

뮌처는 당대 여러 개혁자의 주장과 마찬가지로, 종교의 혁

---

2) Friedrich Engels, *Der deutsche Bauernkrieg* (1850), in MEW 7, p. 327–
413.

3) Ernst Bloch, *Thomas Müntzer als Theologe der Revolution*, Frankfurt am
Main, Suhrkamp, Verlag, 1962 [1921].

신과 사회의 혁신, 개인의 회심과 공동체의 회심을 나누지 않았다. 그는 정치와 종교가 분리되지 않은 시대를 살았다. 종교는 정치와 마찬가지로 "공공의 문제"였으며, 종교 문제는 정치 문제와 나뉠 수 없었다. 따라서 그의 신학은 선명한 정치신학이며, 그의 정치적 저항의 근거는 신앙과 신학이다.

초기 루터를 비롯해, 당시 개혁자들은 교회의 사면증인 "면죄부" 판매를 비판했다. 더 깊이 들어가면, 이것은 당시 교회 안에 작동하던 "경제 논리"에 대한 비판이며, 금권을 바탕으로 세를 불리고 유지하던 정치와 종교에 대한 비판이다. 뮌처 역시 이러한 저항에 깊이 동조했고, 목회 활동을 하던 곳마다 더 근본적이고 철두철미한 개혁을 추진하려 했다. 그러한 개혁의 과정에서, 뮌처는 사회 저계급자들의 억눌림과 정교政敎 권력의 문제와 대결했다.

1. 종교개혁과 사회개혁

종교개혁이 처음으로 성공을 거둔 지역은 독일이었다. 도시의 부르주아와 장인은 루터의 든든한 후원 세력이었다. 인쇄술의 발달로 문서를 대량으로 인쇄하고 유포할 수 있었다. 많은 사제가 종교개혁에 열광했다. 일부 영주는 가톨릭교회의 재산을 빼앗을 수 있다는 탐심에 이끌려 개혁자들의 뒤를 졸래졸래 따라다녔다. 종이호랑이 신세의 귀족들은 떡고물이라도 얻어먹으려 했다.[4]

반면, 농민들은 자유와 평등을 호소하는 설교에 귀 기울이기 시작했다. 인구 증가, 토지 분할, 채무 상승, 조상에게서 물려받은 권리의 해체로 인해, 농촌 지역에서는 혁명의 기운이 감돌았다. 민중 편에 선 여러 목회자의 설교가 이러한 기운에 불을

---

4) 1522년에 "독일 형제 기사단"(Brüderlichen Bundes der deutschen Reichsritter)의 수장 프란츠 폰 지킹겐(Franz von Sikingen)은 트리어 대주교의 영지를 침략했다. 그러나 루터는 이 반란 세력과 연대하지 않았다. 여러 부르주아와 영주의 성토가 끊이지 않았던 이 반란은 신속하게 진압됐다.

지폈다.

2. 토마스 뮌처: 저항의 설교자

토마스 뮌처는 개혁가 중 가장 급진적인 인물이다.[5] 그는 1489년이나 1490년에 독일 동부 작센 주에 있는 하르츠 산맥 인근의 슈톨베르크Stolberg에서 태어났다. 이곳은 루터의 고향인 아이슬레벤에서 그리 멀지 않다.

그는 라이프치히에서 신학을 공부했고, 성서를 깊이 이해하기 위해 그리스어와 히브리어를 익혔다. 그뿐만 아니라 요한네스 타울러, 하인리히 소이세, 피오레의 요아킴의 신비주의 저작도 꾸준히 탐독했다. 이후, 그는 아우구스티누스 수도회의 수사

---

5) 이 글을 작성하며 참고한 문헌은 다음과 같다. Marianne Schaub, *Müntzer contre Luther. Le droit divin contre l'absolutisme princier*, Paris, À l'enseigne de l'arbre verdoyant, 1984; Ernst Bloch, *Thomas Müntzer als Theologe der Revolution*, 앞의 책; Friedrich Engels, *Der deutsche Bauernkrieg* (1850), 앞의 책

가 된다.

뮌처는 1519년에 루터와 만났고, 그의 사상에 매료됐다. 루터는 작센 주의 도시인 츠비카우Zwickau 교회의 목회자로 뮌처를 추천했다. 직물 산업이 발달했고, 은행 자본의 투자를 바탕으로 은, 아연, 구리 광산을 개발해 상당한 부를 누리던 이 도시에는 니콜라스 슈토르흐Nicolas Storch라는 인물이 있었다. 하나님의 정의를 명분으로 기성 질서를 전복하라 권고하는 그의 주변에 당시 비참한 상황에 허덕이던 도시 프롤레타리아들이 모였다. 이들은 열렬한 활동을 전개했지만, 반대자들에게 "광신자"Schwrmer 집단으로 몰렸다. 뮌처 역시 이 집단에 합류한다. 그는 츠비카우 예언자들의 견해에 찬성했고, 성령이 진정한 신자들의 공동체에 살아 역사한다고 외쳤다. 1521년에 츠비카우 시 위원회는 슈토르흐와 뮌처를 추방한다.

추방된 뮌처는 얀 후스Jan Hus의 지역인 보헤미아로 도피한다. 그는 이곳에서 프라하 주민을 선동하고 지지자를 모으기 위해 격문을 발표한다. 그 격문이 바로 『프라하 선언』이다.

3. 뮌처의 첫 신학문서: 『프라하 선언』(1521)

『프라하 선언』은 정치 선동을 위한 대중 격서이다. 그러나 이 문서의 뼈대는 그의 "신학"이다. 뮌처는 이 글에 자기의 신학을 간결하고 정밀하게 요약한다.

현재까지 전해진 문서의 종류는 크게 네 가지이다. 「원고 1」은 뮌처의 자필 원고이며, 작성 연도도 1521년으로 명시됐다. 「원고 2」는 「원고 1」의 증보판에 해당한다. 「원고 1」의 작성 며칠 뒤에 뮌처의 동료들이 독일어로 작성했다.6 「원고 3」은 라틴어 문서이며, 「원고 4」는 체코어로 번역된 문서이다.7

---

6) 「원고 2」에는 「보헤미아 사건에 대한 항변」이라는 부제가 추가됐다. 본서는 「원고 1」과 「원고 2」를 번역했다.

7) 클라우스 에버트, 『토마스 뮌처: 독일 농민 혁명가의 삶과 사상』, 오희천 옮김, 천안: 한국신학연구소, 1994, 102쪽.

4종 원고 가운데 본류에 해당하는 「원고 1」은 뮌처 신학의 결정체이다. 뮌처의 글은 전반적으로 부패한 교사, 즉 사제와 학자를 겨냥한다. 사제와 학자는 성서의 문자만 반복했을 뿐, 그 속에서 역사하는 성령의 활동을 제대로 알려주지 않았다.

"나는 하나님을 경외하는 영으로 믿음을 올바르고 의롭게 실천해야 한다는 내용이나 하나님의 선택을 받은 이들은 성령을 일곱 배나 더하여 받아야 한다는 내용을 알았지만, 하늘의 중보자Vermittlung 행세를 하는 수사나 사제를 통해 배운 적이 없다. 내 생애를 통틀어 이들을 통해 배운 적이 결단코 없다. 모든 피조물에 심긴 하나님의 명령과 질서에 관한 이야기를 어떤 학자들Gelehrten에게서도 들은 적이 없다. 단언컨대 한마디도 듣지 못했다. 그것뿐이랴, 전체를 부분의 통일체로 파악하는 문제도, 그리스도인들은 눈곱만큼도 이해하지 못했다. 누구보다, 괘씸하고 저주받아 마땅한 사제들이 그랬다.

나는 이들에게서 무의미한 글자들만 들었을 뿐이다. 이들
은 살인자와 강도처럼 성서에서 맘에 맞는 글자들만 쏙쏙
골라냈다."[8]

그는 하나님 말씀의 역동성이 성령을 통해 조명되지 않을
경우, "성서주의"에 갇힐 수 있음을 지적한다. 그리고 그러한
"성서주의"는 또 다른 문자 권력과 엘리트주의로 변질될 수 있
기에 위험하다.

"이 말씀이 책들에만 기록됐다면, 하나님께서 이 말씀을 단
한 번만 언급하셨다면, 이 말씀이 허공 속에 사라졌다면,
이 말씀은 영원한 하나님의 말씀일 수 없을 것이다. […] 나

---

8) Thomas Müntzer, *Das Prager Manifest* (1521), in Gerhard Wehr (Hrsg.),
Thomas Müntzer. Schriften und Briefe, Frankfurt am Main, Fischer
Taschenbuch Verlag, 1973, p. 39.

는 기독교 세계에 참을 수 없는 고통과 해악을 끼친 이 현실을 긍휼히 여기고, 옛 교부들의 역사를 부지런히 읽은 뒤 그것을 마음에 깊이 새겼다. 나는 사도들의 제자들이 죽은 뒤, 정결한 처녀와 같고 밝은 해처럼 빛났던 교회가 영적 간음으로 말미암아 창녀가 됐음을 봤다."[9]

그러므로 뮌처의 신학에서, 말씀은 그리스도인의 유일하고 고유한 준거가 아니다. 말씀을 삶에서 구체적으로 드러내는 성령의 역사가 없다면, 말씀은 그냥 박제된 문자일 뿐이다. 뮌처는 박제된 문자를 민초에게 마치 개에게 먹이 주듯 하는 학자들을 쏘아붙인다.

"지금도 수많은 분파에서 아이와 같은 민초들에게 이 양식, 곧 문자로 기록된 하나님 말씀을 마치 개들에게 던지듯 한

---

9) 같은 책. p. 41. Cf. Ernst Bloch, *Thomas Müntzer als Theologe der Revolution*, 앞의 책, p. 23.

다. 그러나 이 아이들은 말씀을 깨뜨리지 않았다. 그들은 마
땅히 자기 먹을 것을 먹어야 한다. 오! 조심하자! 조심해! 그
대, 지도자라는 자들은 이 가련한 아이들에게 주의하라고
하지 않았도다. 그대들은 하나님을 경외하는 참된 영을 선
포하지 않았다. 자신들이 하나님의 견실한 자식들이라는
참된 교훈을 받았던 그 놀라운 영으로 선포하지 않았다. 하
여, 그리스도인들도 진리를 수호하는 데 서투르거나 겁쟁
이처럼 머뭇거리게 됐도다. 이 지도자라는 자들은 하나님이
지금은 입을 닫고 사람들에게 더 이상 직접 말하지 않는다고
떠들기도 한다."10

우리가 뮌처를 루터의 성서주의와 대비해 "성령주의"라고
말할 때, 그를 초자연적인 마술이나 영적 환상에 빠진 괴짜로 이
야기할 수 없다. 뮌처는 성령을 통한 성서의 역사를 철저하게 가

---

10) 같은 책, p. 40.

둔 종교와 지식의 권력자들을 겨냥했기 때문이다. 그뿐만 아니
라, 이러한 권력 지형에서, 살아있는 성령의 말씀을 듣지 못하
는 민중의 편에서 서서, 말씀을 그들에게 돌려줘야 한다고 주장
한다. 뮌처의 성령주의의 기반에는 예언자 전통과 중세 신비주
의 사상이 흐르고 있다.

4. 『프라하 선언』 이후의 뮌처

프라하의 루터파 지역들은 이 신비주의적 예언자주의의 위
험을 간파했다. 뮌처는 프라하에서 지지자 모집에 실패했다.
그는 또 한 번 쫓기는 신세가 됐다. 뮌처는 독일 곳곳을 떠돌다
가 1523년에 알슈테트Allstedt에 정착한다. 작센 주에 속한 이 작
은 마을의 인근에는 만스펠트 백작 소유의 구리 광산, 은광, 금
광이 있었다. 이 무렵 뮌처는 환속한 수녀 오틸리 폰 게르젠Ottlie
von Gersen과 결혼한다. 뮌처는 예배를 완전히 개혁하려는 계획

에 착수한다. 그는 예배 시간에 독일어로 찬송을 부르고, 이종 성찬11을 진행했으며, 루터가 번역한 독일어 성서 한 장을 통째로 읽는 형태로 예배 개혁을 단행했다. 뮌처의 자주적인 개혁은 대성공을 거둔다. 광산 노동자들과 농민들이 새로운 예배에 참석하기 위해 원방에서 모여들었다. 뮌처의 거친 설교를 따르는 자들은 1524년 3월에 '기적의 성모 교회'에 불을 질렀다.

뮌처는 노동자와 농민의 정신적 지주가 됐다. 급기야 작센의 영주들 앞에서 행한 설교로 인해 문제아로 부상하기도 했다.12 영주들 앞에서 행한 설교는 작은 돌이 거대한 동상을 파괴하는 느부갓네살의 꿈에 관한 선지자 다니엘의 유명 구절을 본문으로 삼았다. 뮌처의 대표적인 문서인 『영주들에게 보내는 설

11) 떡과 잔을 모두 나누는 교회의 성찬 예식이다. 가톨릭교회에서는 "양형 영성체"라 부른다.

12) Thomas Müntzer, *Schriften, liturgische Texte, Briefe*, hrsg. v. R. Bentzinger, S. Hoyer, Berlin, 1990; Thomas Müntzer, *Auslegung des zweiten Kapitels Danielis des Propheten, gepredigt auf dem Schloß zu Allstedt vor den tätigen teuren Herzögen und Vorstehern zu Sachsen (Die Fürstenpredigt, 1524)*, in Gerhard Wehr (Hrsg.), Thomas Müntzer. Schriften und Briefe, 앞의 책, p. 82-98.

교』1524이다. 이 설교의 한 부분을 읽어보자.

"산에서 돌 하나가 빠졌습니다. 사람 손으로 들어 올린 돌
이 아닙니다. 이 돌은 점점 커져갑니다. 가난한 평신도들과
농민들이 그대 영주들보다 이 돌을 더 예리한 눈으로 봅니
다.[…] 이제 우리는 무엇을 해야 할까요? 이 돌이 너무 커지
고 강력해져 위풍당당한 조각상을 순식간에 강타해 산산조
각내고 오래된 도자기를 박살냈습니다. 새로운 다니엘이 일
어나 여러분에게 내린 계시를 설명해야 합니다. 그 계시는
모세의 가르침을 따른 계시이기도 합니다. 새로운 다니엘은
여러분 머리 꼭대기에 서 있어야 합니다. 여러분보다 앞서
행할 겁니다."13

───────────

13) Thomas Müntzer, *Schriften*, *liturgische Texte*, *Briefe*, hrsg. v. R.
Bentzinger, S. Hoyer, 앞의 책, p. 79 f; Thomas Müntzer, *Auslegung des
zweiten Kapitels Danielis des Propheten*, *gepredigt auf dem Schloß zu
Allstedt vor den tätigen teuren Herzögen und Vorstehern zu Sachsen* (*Die
Fürstenpredigt*, 1524), in Gerhard Wehr (Hrsg.), *Thomas Müntzer*.
Schriften und Briefe, 앞의 책, p. 93-94.

루터의 "두 왕국 사상"을 철저하게 거부하는 설교이다. 뮌처는 이 땅에 오로지 신의 주권과 통치만 있어야 한다고 외친다. 세상의 통치자들도 이 권세에 부복해야 한다. 이 설교에 언급된 예언자, 즉 "새로운 다니엘"은 분명 뮌처 본인일 것이다. 이 설교는 군주들의 분노를 샀고, 정치권력의 후원을 받았던 루터도 새로운 다니엘을 폭도와 사탄이라고 규탄한다.

뮌처는 알슈테트를 떠날 수밖에 없었다. 알슈테트를 떠난 그는 튀링겐 주의 뮐하우젠Mühlhausen으로 도피한다. 그는 1524년 말에 루터식 성서 해석에 맞서는 내용을 담은 소책자를 한 권 출간한다. 훗날 『가짜 신앙에 대한 폭로』로 알려진 책이다.[14]

---

14) 원제목은 다음과 같다. "비참하고 가련한 기독교가 자기 잘못을 기억하도록 누가복음의 증언을 따라 불경한 이 세상의 가짜 신앙을 폭로하는 망치든 [목사] 토마스 뮌처"(*Ausgedrückte Entblößung des falschen Glaubens der ungetreuen Welt, durchs Gezeugnis des Lukasevangeliums vorgetragen, der elenden, erbärmlichen Christenheit zur Innerung ihres Irrsals, Thomas Müntzer, mit dem Hammer*)이다. 다음 자료를 참고하라. Thomas Müntzer, *Ausgedrückte Entblößung des falschen Glaubens*(1524), in Gerhard Wehr(Hrsg.), *Thomas Müntzer. Schriften und Briefe*, 앞의 책, p. 99-124.p. 99-124.

또 다시 도망자 신세가 될 수밖에 없었던 뮌처는 권력자들의 충견이 된 비텐베르크의 개혁자를 더 강경하게 성토한다. 뉘른베르크에서 출간된 이 비방문의 제목은 『영 없는 육체로 비텐베르크에서 평온한 삶을 구가하며, 성서를 훔치고 멋대로 가공해 기독교를 더럽힌 자에게 보내는 매우 근거 있는 항의와 대답』[15]이었다. 한 대목을 직접 읽어보자.

"참 진리가 꽃을 피우려는 지금, 그대는 권세 있는 자들이 아닌 보잘것없고 연약한 이들을 욕한다. […] 그대의 형편이 어떻든 간에, 보잘것없어 보이는 이들을 실족케 하지 말았어야 했다. […] 아! 이 거짓말쟁이! 교활하고 음흉한 여우 같으니라고! 하나님으로 말미암아 더 이상 절망치 않았던 이

---

15) 독일어 원제목은 다음과 같다. *"Hochverursachte Schutzrede und Antwort wider das geistlose sanftlebende Fleisch zu Wittenberg, welches mit verklärter Weise durch den Diebstahl der Heilige."* 다음 자료를 참고하라. Thomas Müntzer, *Hochverursachte Schutzrede*(1524), in Gerhard Wehr(Hrsg.), *Thomas Müntzer. Schriften und Briefe*, 앞의 책, p. 125-142.

의인의 마음이 그대의 거짓말로 비탄에 사로잡혔도다. 그대
는 경건치 못한 악한들의 권세를 강하게 하여, 이들이 옛 틀
에 영원히 거할 수 있도록 힘을 보탰다. 권력자들의 포로가
된 여우의 운명이로다. [그러나] 민중은 자유로울 것이며,
하나님은 이들의 유일한 주님이 될 것이다."16

 뮌처는 도처에서 쫓기는 신세가 됐다. 그는 독일 남서부 지
역인 슈바벤Schwaben17, 엘사스Elssas18, 검은 숲Schwarzwald을 비
롯해 스위스 북부를 떠돌았다. 이 과정에서 지역의 재세례파 신
자들과 만났고, 슈바벤 지역의 농민 반란에 가담했다. 슈바벤

---

16) Thomas Müntzer, *Schriften, liturgische Texte, Briefe*, hrsg. v. R.
Bentzinger, S. Hoyer, 앞의 책, p. 138-141; Thomas Müntzer, *Hochver-
ursachte Schutzrede*(1524), in Gerhard Wehr(Hrsg.), *Thomas Müntzer.
Schriften und Briefe*, 앞의 책, p. 139-142.

17) 역사 경계선은 선명하지 않으나, 대체로 오늘날 독일 뷔르템베르크 지역,
바에이른 서남부 지역, 스위스 북동부 지역을 아우른다. 넓게 보면, 서쪽
끝으로는 엘사스(알자스) 일부를, 동쪽 끝으로는 오스트리아 서부를 포괄
한다.

18) 오늘날 프랑스 알자스 지역이다.

농민들은 매우 온건한 어조로 자신의 요구 사항을 작성했다. 이른바 『정강 12조』*Zwölf Bauernartikel*, 1525이다. 확정할 수 없지만, 뮌처가 이 문서의 작성에 개입했을 가능성이 높다. 『정강 12조』는 목사를 지역민이 선출할 수 있는 권리, 감세, 농노제 폐지 등을 매우 공손한 어조로 외쳤다. 그 내용을 요약하면, 다음과 같다.

"**제1조** 목사는 복음에 인위적인 내용을 첨가하지 말고, 간단하고, 곧고, 투명하게 전해야 한다. 복음은 참 신앙을 통해서만 하나님을 볼 수 있다고 말하기 때문이다.

제2조 목사는 대大 십일조[19]에서 사역의 대가를 받는다. 남은 헌금은 마을의 가난한 사람들을 구제하고, 전쟁 세금을

---

19) 수확한 곡물의 십분의 일에 해당한다.

납부하는 데 사용한다. 소小 십일조[20]는 인위적으로 제정된 제도이므로, 폐지한다. 우리 주 하나님은 인류를 위해 가축을 창조하셨기 때문이다.

제3조 여태껏 농민을 농노처럼 취급해 왔다. 참으로 개탄할 관습이로다. 그리스도께서 귀한 보혈로 사제와 귀족만 구원하셨던가? 우리는 자유인임을 선언한다.

제4조 가난한 사람에게 짐승, 새, 물고기를 잡을 자격이 부여되지 않았다. 이는 형제애에 어긋나며 하나님의 말씀과도 모순된다. 우리 주 하나님께서 인간을 창조하실 때, 인간에게 뭇 짐승, 공주의 새, 물속의 고기를 잡아먹을 수 있을 힘을 주셨기 때문이다.

제5조 귀족이 숲을 독차지했다. 가난한 평민은 숲에서 나오는 생필품을 원가의 곱절 값에 사야 한다. 지배자가 제 멋대로 도용하는 마을의 숲까지 포함해, 사들이지 않은 숲은

---

20) 수확한 곡물이 아닌 물건의 십분의 일에 해당한다.

모조리 마을에 환원하라. 목재와 장작을 필요로 하는 마을 주민이 누구나 필요를 충족할 수 있도록 하라.

제6조 농민에게 요구되는 부역의 양이 과중하며, 하루가 다르게 늘어난다. 하나님의 말씀에 의거해, 부역의 양은 우리 부모 세대가 담당했던 수준으로 축소해야 한다.

제7조 귀족은 우리의 동의 이상의 부역을 강요하지 말라.

제8조 많은 밭이 지대를 감당하지 못할 정도로, 충분하게 생산하지 못한다. 정직한 자를 감시자로 둬, 공정한 지대를 책정하라. 그리하여 농민이 헛된 노동에 동원되지 않도록 하라. 작업의 일당도 마땅히 빠짐없이 지불해야 한다.

제9조 새로운 법령의 제정으로, 새로운 벌금만 부과되는 중이다. 처벌도 범행에 따라 이뤄지지 않고, 자의적으로 이뤄진다. 우리는 판결의 근거를 요구한다. 옛 기록으로 남아 있는 법에 의거하여 판결하라. 재판관의 변덕에 따라 판결하지 말라. 사안의 성격을 충분히 고려하는 정당한 판결을

요구한다.

제10조 상당수 귀족이 마을의 공유지를 도용한다. 우리는 귀족에게서 모든 공유지를 되돌려 받기를 원한다.

제11조 사망세를 완전 폐지하라. 그리하여 다시는 과부와 고아가 혈세를 뜯기는 수치를 막아야 한다. 사망세는 하나님의 명예에 완전히 반한다.

제12조 우리의 결정이자 최종 의견은 이렇다. 여기에 나열된 조항 중 하나 이상이라도 하나님의 말씀에 모순된다면, 우리는 단연코 모순된 조항을 폐기하겠다. 단, 글로 기록된 말씀에 의거해 모순의 이유를 우리에게 설명해야 한다. 만약 우리가 채택한 어떤 조항이 차후에 부당한 조항으로 밝혀진다면, 그 역시 폐기할 것이다. 마찬가지로, 여기에 어떤 조항이 추가될 경우, 그 내용이 하나님의 뜻에 반하거나 타인의 고통을 유발하는 상황이 발생한다면, 위와 동일하게

폐기 조치한다."[21]

5. 뮐하우젠 복귀와 기독교 "공산" 공동체

뮌처는 1525년 2월에 뮐하우젠으로 되돌아온다. 당시 뮐하우젠은 민중 봉기로 "영구평의회"를 구성했다. 이 무렵 뮌처는 사도행전 2장과 4장에 나타난 초기 기독교의 나눔과 공유 공동체의 영향을 받은 사상을 설파한다. 물론, 뮌처는 19세기 공산주의처럼 생산 양식과 사회 구조 자체를 문제 삼지는 않았다. 오히려 뮌처의 "공산" 사상은 사회 구조를 "자연스러운" 것으로 봤다.[22] 당시 뮌처와 그 일파를 비난하는 문헌에서 뮌처의 활동

---

21) 1525년에 작성된 이 글은 같은 해에 슈트라스부르크(현 프랑스 스트라스부르)에서 인쇄, 출간된다. 아래 사이트에서 그 내용을 확인할 수 있다. https://web.archive.org/web/20190413172754/https://stadtarchiv.memmingen.de/quellen/vor-180203/zwoelf-bauernartikel-1525.html (2024년 10월 7일 접속).

22) Michel Clévenot, *Un siècle qui veut croire. XVIe siècle*, Paris, Éditions RETZ, 1988, p. 78.

을 역 추적할 수 있다.

"물건을 공동으로 사용하라고 적은 사도행전의 말씀에 따
라 모든 물건을 함께 나눠 쓰라고 했다. 그렇게 가르쳐 하층
민을 염치없는 뻔뻔한 자들로 만들어 더 이상 일하려 하지
않게 만들었다. 곡식이나 천이 부족하면, 부자들을 콕 집어
찾아가서 그리스도인의 권리를 명분으로 이것저것을 요구
한다. 그리스도가 필요한 물건을 나누라고 명령했다고 말
이다. 부자가 양곡을 주지 않는 경우, 이들은 무력으로 그
재산을 탈취했다."[23]

위 인용문의 마지막 부분에서, 활동의 특징을 엿볼 수 있다.
뮌처 일파의 활동은 부자들의 반발을 샀다. 부자들은 "천하는

___
23) 같은 책. 뮌처의 가르침과 뮌처 일파의 활동을 맹비난하는 내용으로 가득한
이 문서의 원 출처는 알려지지 않았다.

공물"omnia sunt communia 24이라는 기독교의 균등과 박애 정신에 대항하기 시작한다.

6. 뮌처의 말년: 독일 농민 전쟁

농민들은 1524년부터 연맹을 구성하기 시작했다. 1525년 봄, 검은 숲과 슈바벤 일대에서 농민들이 봉기했다. 농민 반란은 같은 해 4월에 다뉴브에서 마인Main 지역까지 확산됐고, 5월에는 엘사스, 작센, 티롤까지 퍼졌다.

영주와 제후의 입장에서는 "공적"公敵의 출현이었다. 이들은 그동안 종교적 차이로 갈등했었지만, 이제는 그 과거를 덮고 농민 반란에 맞서 하나로 뭉쳤다. 종교개혁자 마르틴 루터는 처

---

24) 사도행전 4장 32절(믿는 무리가 한마음과 한 뜻이 되어 모든 물건을 서로 통용하고 자기 재물을 조금이라도 자기 것이라 하는 이가 하나도 없더라)의 라틴어 구문이다. "*multitudnis autem credentium erat cor et anima una nec quisquam eorum quae possidebant aliquid suum esse dicebat sed erant illis **omnia communia**.*"

음에 농민들의 입장을 지지했으나 과격하게 바뀐 활동을 비난하며, 영주들에게 이들을 진압하라고 독려한다. 루터의 격려문을 읽어보자.

"이 농민들은 하나님과 사람들에게 세 가지의 끔찍한 죄를 지었다. 이 죄로 말미암아, 그 육체와 영혼은 천 번 죽어도 마땅하다.

첫째, 농민들은 자신들이 의탁한 권위 당국의 신민이 되기로 복종함으로써, 충성을 맹세했다. 또 누가복음 22장 25절의 '카이사르의 것은 카이사르에게'와 로마서 13장 1절의 '각 사람은 권세에 복종하라'는 하나님의 명령을 따른다. 그러나 이들은 제 멋대로, 마치 신성모독과 같은 방식으로, 이러한 복종을 위반하고 말았다. 게다가 자기 주인에게 대들기 까지 했다. […] 그러므로 그 육체와 영혼을 잃어도 마땅하다.

둘째, 농민들은 반란을 획책했고, 자신들이 속하지도 않은 수도원이나 성에 쳐 들어가 물건을 훔치고 약탈했다. 신성 모독이로다. […] 그러니, 노상강도와 암살자나 다름없는 이들의 육체와 영혼은 두 번 죽어 마땅하다.

셋째, 농민들은 끔찍하고 고약한 죄를 복음으로 포장한다. 이들은 그리스도인 형제를 자처한다. 이들은 충성 서약을 받고, 사람들을 겁박하고 공포로 내몰아 자신들의 일에 동참하라 강요한다. 이는 하나님과 그 이름을 망령되게 하는 자들 중 우두머리다. 왜냐면, 복음을 가장해 마귀를 숭배하고 섬기기 때문이다. […] 그러므로 그 육체와 영혼은 열 번 죽어 마땅하다.

모든 위정자는 설령 이교도라 할지라도, 이 흉악한 자들을 방벌할 권리와 권력을 가진다. 심지어 이러한 방벌은 위정자의 의무이다. 위정자는 이를 위해 손에 칼을 쥐었음을 잊

지 말라. 위정자는 악을 행하는 자들에 대항하는 하나님의
대사다."25

영주들은 포병, 중무장 기병, 보병 부대를 고용했다. 벌판
에서 대회전을 벌인다면, 영주들은 압승할 수 있을 것이다. 그
러나 이들은 위험 요소를 줄이는 쪽으로 전략을 세웠다. 영주들
의 군대는 능숙한 기동으로 농민군의 통신로를 차단해 부대의
집결을 저지하는 데 성공한다. 서로 연락할 수 없게 된 각 농민
군은 고립됐으며, 영주군은 산개된 농민군을 각개격파하면서
무참한 살육전을 폈다.

뮌처는 라이프치히 서부의 프랑켄하우젠에서 부대를 재편
했다. 헤센의 영주 필립과 만스펠트의 백작 알브레히트는 즉각
도시를 포위하고 작센의 공작 게오르크의 군대가 합류할 시간

---

25) Martin Luther, *Wider die räuberischen und mörderischen Rotten der Bauern*(1525), Gerhard Wehr(Hrsg.), *Thomas Müntzer. Schriften und Briefe*, 앞의 책, p. 206–208.

을 벌기 위해 협상을 추진한다. 토마스 뮌처는 덫에 걸렸고, 알
브레히트 백작에게 고의로 모욕적인 편지를 보내 싸움을 걸었
다.

"그대는 루터파의 죽과 비텐베르크의 국물에서 에스겔 37
장의 예언 내용을 찾을 수 있었던가? 마르틴의 똥통에서는
에스겔 39장에서 말했던 음식을 맛보지 못했던가? 하나님
께서 하늘의 모든 새들에게 영주들의 살점을 뜯어라 명하지
않으셨던가? 고관대작들의 피를 들개들이 핥으리라고 괜
히 말씀하셨을까? 그대는 하나님께서 그대 같은 폭군들보
다 백성들을 덜 염려한다고 생각하는가? [···] 그대가 다니엘
7장에 따라 하나님이 공동체에 권세를 주신 것을 인정한다
면, 그리고 우리 앞에서 그대의 가짜 믿음을 뉘우친다면, 우
리는 기꺼이 그대의 고백을 받아들일 것이고 우리의 형제로
여길 것이다. 그렇지 않으면, 우리는 당신의 헛되고 무미건

조하고 찡그린 얼굴을 외면할 것이고, 기독교 신앙의 불구
대천의 원수로 여겨 싸울 것이다. 부디 몸조심하시라!"26

    회담은 늘어졌고, 농민군의 사기는 떨어졌다. 화약 공급을
담당하던 스위스 사람들은 돈을 갖고 사라졌다. 뮌처는 8,000
명에 달하는 농민군의 사기를 북돋아야 했다. 그러나 농민군에
게 드리운 그늘은 점점 길어졌다.

    1525년 5월 15일에 영주들은 느닷없이 휴전을 깨고 농민들
이 엄폐물로 삼았던 수레를 향해 발포했다. 포탄에 짓눌리고,
보병 공격을 받은 불운한 농민군은 사방으로 흩어졌다. 전열이
흐트러진 틈을 노린 영주의 기병 부대가 농민군을 무력화시켰
다. 8,000명 가운데 5,000명이 땅 위에 쓰러졌다. 적은 고작 23
명만 전사했을 뿐이다. 뮌처는 곳간에 몸을 숨겼다. 그러나 곧
수색대에게 발각됐다. 모진 고문을 당했고, 5월 27일에 참수됐

26) Thomas Müntzer, *Schriften*, *liturgische Texte*, *Briefe*, 앞의 책, p. 222.

다. 영주들은 뮌처의 수급首級을 장창에 매달아 뮐하우젠 성에
효수梟首했다.

　농민 전쟁의 결과는 참담했다. 영주들의 무력 진압으로 10
만 명 이상이 사망했다. 끔찍한 살육으로 독일 농가는 오랜 세월
동안 공포에 떨었다. 반면, 영주들의 권세는 더 막강해졌다.

　역사학자 미셸 클레브노의 평가에 따르면, 이 사건은 후일
루터파 교회와 국가의 의존 관계 혹은 공생 관계의 신호탄이 됐
다. 가히, 개신교의 "콘스탄티누스"적 전환이라고 해도 무리가
아니다.27 뮌처와 독일 농민 전쟁은 종교개혁의 역사에 깊은 자
국을 남겼다. 농민 전쟁 기간 동안 보였던 루터의 태도는 수많은
사람들의 빈축을 샀다. 루터 본인도 명예나 정신을 챙길 틈도 없
이 넋두리와 협박으로 자기변호에 급급했다. 그의 거친 표현이
춤추는 글을 읽어보자.

---

27) Michel Clévenot, *Un siècle qui veut croire. XVIe siècle*, 앞의 책, p. 81.

"무엇보다 나를 비난하는 자들에게 경고한다. 닥치고 그대들 몸 간수나 잘해라. 분명 그대들도 역심을 품은 자들이렷다. 역도逆徒들은 천벌 받아 마땅하다. 하나님께서는 사람들이 왕과 권세를 두려워하기를 원하지, 이런 일로 웃고 떠들고 조롱하기를 원치 않는다.[…]

반란에 가담한 자에게 이러저러한 이유를 들어 대답할 필요가 없다. 무슨 말을 해도 들으려 하지 않으니 말이다. 차라리 코피 날 정도로 그 면상을 주먹으로 갈겨 버리는 편이 낫다. 농민들 역시 아무 말도 들으려 하지 않는다. 그런 그들에게 아무 말도 할 필요가 없다. 화승총을 쏴서 그 귀가 번쩍이게 하고, 대가리를 날려 버려라.[…]

이들은 "너희 아버지의 자비로우심 같이 너희도 자비로운 자가 되라"[28]는 그리스도의 가르침을 근거로 나를 공격한다. […] 그러나 자비를 말하는 구절들은 이 세상 나라가 아

---

28) 누가복음 6장 36절.

닌 그리스도인 가운데 있는 하나님 나라와 관련된 구절들이
다."[29]

7. 나가는 말: 보잘것없는 사람들 편에서

그리스도인의 자유는 결국 세속 권세와 제도의 틀 안에 머
물렀다. 틀 자체에 대한 문제 제기와 성찰의 길은 차단됐다. 만
인의 평등을 주장하며, 누구나 소유할 수 있을 공동선에 대한 이
념은 "유토피아"가 됐다. 위에 있는 권세에 모두가 예속돼야 하
는 "종속성"이 보편 원칙으로 굳었다. 이러한 시류에 뮌처의 신
학사상은 희미해졌다.

우리는 뮌처의 신학을 특정 정치 이념에 환원하지 않는다.
그의 사상을 공산 혁명의 선구자로 추앙하려 했던 엥겔스나 마
르크스주의자의 시각에도 크게 동의하지 않는다. 뮌처는 기존

---

29) Martin Luther, *Sendbrief von dem harten Büchlein wider die Bauern*, in
LD, Bd. 7, p. 203208.

질서와의 "단절"을 외친 인물이지, 총체적 변화의 조건을 구상했던 인물이 아니다. 또 이러한 "단절"의 출처도 그의 "신비주의" 사상이지 권력 관계에 대한 평가가 아니다. 뮌처 신학을 지탱하는 두 기둥은 "성서 해석"과 "성령의 교통"이다. 그는 죽어 박제된 문자로서의 말씀이 아닌, 가난한 민중 가운데 살아 역사하는 말씀을 가르쳤다. 그랬던 그가 모범으로 삼았던 시대는 옛 사도 시대의 교회였다. 그는 자기 시대도 그러한 교회가 도래하기를 바랐다. 따라서 그의 시대 비판은 철두철미했으며, 추구했던 대안은 이상적이었다. 왜곡이라면 왜곡이라고 할 수 있을 '폭력 저항'은 완전한 실패로 돌아갔고, 그 후 민중의 고통은 심화됐다. 그가 이루고자 했던 "유무상통의 기독교 공동체"는 연기처럼 사라졌고, 그의 사후 유럽은 이 공동체의 대척점에 있는 "부르주아 사회"를 향해 질주했다.

시대의 비극인가? 위대한 선구자인가?

뮌처는 당대에 불가능해 보였던 꿈을 실현하려 했다. 그러한 시도는 제도권의 원칙과 갈등을 빚었고, 현실에 부합하지 못했다. 꿈은 좌절됐고, 숨은 끊어졌다. 그러나 그는 여전히 살아있으며, 또 계속 부활할 것이다. 무엇보다, 보잘것없는 사람들의 편에 서서, 그들의 존엄성을 위해 싸웠고, 그들에게 성서를 살아있는 말씀으로 전했으며, 권력의 비위를 맞추는 옛 동료와 스승에 맞섰다.

* * *

『프라하 선언』은 뮌처의 이러한 여정을 드러낸 첫 작품이다. 달콤한 그리스도보다 쓰디쓴 그리스도를 따르기 원했던 한 신자의 짧은 글이 그의 사망 500년을 바라보는 현 시점에, 이역만리 한국의 신학 독자들에게도 울림을 줄 수 있기를 바란다. 독자들은 그가 비판했던 당대 교회와 신학이 2020년대를 살아가는 한국의 교회와 신학과 어떻게 조우할 수 있을지도 곱씹어 보기를 바란다. 또 돈만 되면 모든 것을 매매하고 상품화하는 독점 자본주의 시대를 살아가는 신자들에게 초기 기독교의 나눔

공동체를 재현코자 했던 그의 실천이 어떤 영향을 미칠 수 있을지도 기대해 보기를 바란다.

출판에 힘써 준 도서출판 대장간의 배용하 대표에게 지면을 빌어 감사의 말씀을 전한다.

2024년 10월 10일

프랑스 스트라스부르에서

일러두기

1. 본서는 토마스 뮌처가 1521년 11월에 작성한 『프라하 선언』의 「원고 1」
   과 「원고 2」의 완역본이다. 원문의 출처는 아래와 같다.

   Thomas Müntzer, *Das Prager Manifest* 1521, in Gerhard Wehr[Hrsg.],
   Thomas Müntzer. Schriften und Briefe, Frankfurt am Main,*Fischer
   Taschenbuch Verlag*, 1973, p. 39-42.

   Thomas Müntzer, *Das Prager Manifest* 1521, in Gerhard Wehr [Hrsg.],
   Thomas Müntzer. Schriften und Briefe, Frankfurt am Main, Fischer
   Taschenbuch Verlag, 1973, p. 42-50.

2. 본문에 사용된 성서 구절은 『개역개정성서』를 참고하되, 필요한 곳은
   역자가 되도록 매끄럽게 다듬었다.

3. 뮌처의 표현 가운데, 일부를 한국의 정서에 맞게 의역했다.

4. 원문에 없는 표현이지만, 문맥상 추가가 필요한 부분은 대괄 속에 기록
   했다.

프라하 선언[30]

슈톨베르크 출생의 나 토마스 뮌처는 온 교회와 온 세상 앞에서 고백하노라. 이 편지가 닿는 곳 어디에라도 솔직한 내 고백을 전하겠노라. 나는 거룩하고 불의에 굴복하지 않는 기독교 신앙에 대한 고등 교육을 받았음을 그리스도와 더불어 그리고 어린 시절부터 나를 알았던 택함 받은 모든 사람과 함께 증언하노라. 하나님께서 아시나니, 거짓이 아닌 진실로 말하거니와, 나는 하나님을 경외하는 영으로 믿음을 올바르고 의롭게 실천해야 한다는 내용이나 하나님의 선택을 받은 이들은 성령을 일곱

---

30) 원문 출처는 다음과 같다. Thomas Müntzer, *Das Prager Manifest* (1521), in Gerhard Wehr (Hrsg.), *Thomas Müntzer. Schriften und Briefe*, Frankfurt am Main, Fischer Taschenbuch Verlag, 1973, p. 39–42.

배나 더하여 받아야 한다는 내용을 알았지만, 하늘의 중보자 Vermittlung 행세를 하는 수사나 사제를 통해 배운 적이 없다. 내 생애를 통틀어 이들을 통해 배운 적이 결단코 없다. 모든 피조물에 심긴 하나님의 명령과 질서에 관한 이야기를 어떤 학자들 Gelehrten에게서도 들은 적이 없다. 단언컨대 한마디도 듣지 못했다. 그것뿐이랴, 전체를 부분의 통일체로 파악하는 문제도, 그리스도인들은 눈곱만큼도 이해하지 못했다. 누구보다, 괘씸하고 저주받아 마땅한 사제들이 그랬다.

나는 이들에게서 무의미한 글자들만 들었을 뿐이다. 이들은 살인자와 강도처럼 성서에서 맘에 맞는 글자들만 쏙쏙 골라냈다. 예레미야 23장에서 말씀하듯, 이웃의 입에서 하나님의 말씀을 훔치고 하나님의 입에서 나온 말씀을 제 귀로 듣지 않는 자들이다. 말하거니와 선량한 얼굴로 설교단에 서나 실은 마귀의 지시를 따르는 자들이로다. 그러나 사도 바울은 고린도 사람들에게 보낸 서신31에서 사람의 마음은 종이나 양피지라고 썼다.
하나님은 여기에 먹물이 아닌 당신의 손으로 변치 않는 뜻과 영
원한 지혜를 새기셨다. 영이 열린 자들은 누구나 말씀을 읽을 수
있다. 예레미야와 에스겔도 똑같이 말한다. 사람들의 영이 열릴
때, 하나님은 당신의 법을 쓰신다. 하나님은 택함을 받은 자들
에게는 처음부터 그렇게 하셨다. 불명확한 증인이 아닌 성령 충
만한 증인으로 세우기 위해서다. 우리의 영에 충만한 증거를 주
신 성령으로 말미암아 우리는 하나님의 자녀들이다. 로마서 8
장32에서 볼 수 있듯, 그리스도의 영을 느끼지 못하거나 그 영을
갖지 못한 자들은 그리스도에게 속한 자가 아닌 마귀에게 속한
자이기 때문이다.

---

31) 고린도후서 3장을 보라. (··· 너희는 우리의 편지라 우리 마음에 썼고 뭇 사
람이 알고 읽는 바라. 너희는 우리로 말미암아 나타난 그리스도의 편지니
이는 먹으로 쓴 것이 아니요 오직 살아 계신 하나님의 영으로 쓴 것이며 또
돌판에 쓴 것이 아니요 오직 육의 마음판에 쓴 것이라···)

32) "···만일 너희 속에 하나님의 영이 거하시면 너희가 육신에 있지 아니하고
영에 있나니 누구든지 그리스도의 영이 없으면 그리스도의 사람이 아니
라.···"

수많은 분파가 범한 오류로 말미암아 세상은 진리를 오매 불망寤寐不忘 갈구해 왔다. 아이들이 먹을 것을 구하나, 줄 사람 이 없다는 예레미야의 말씀33이 이렇게 이뤄졌다. 지금도 수많 은 분파에서 아이와 같은 민초들에게 이 양식, 곧 문자로 기록된 하나님 말씀을 마치 개들에게 던지듯 한다. 그러나 이 아이들은 말씀을 깨뜨리지 않았다. 그들은 마땅히 자기 먹을 것을 먹어야 한다. 오! 조심하자! 조심해! 그대, 지도자라는 자들은 이 가련 한 아이들에게 주의하라고 하지 않았도다. 그대들은 하나님을 경외하는 참된 영을 선포하지 않았다. 자신들이 하나님의 견실 한 자식들이라는 참된 교훈을 받았던 그 놀라운 영으로 선포하 지 않았다. 하여, 그리스도인들도 진리를 수호하는 데 서투르거 나 겁쟁이처럼 머뭇거리게 됐도다. 이 지도자라는 자들은 하나 님이 지금은 입을 닫고 사람들에게 더 이상 직접 말하지 않는다고 떠들기도 한다. 이들은 책에 기록된 것만으로 충분하다고 생각

---

33) "젖먹이가 목말라서 혀가 입천장에 붙음이여 어린 아이들이 떡을 구하나 떼 어 줄 사람이 없도다." 예레미야애가 4장 4절.

한다. 마치 황새가 새끼들에게 개구리를 물어다가 토하듯이 막 무가내로 아무 말이나 내뱉는다. 그들은 병아리를 따스하게 품는 암탉이 아니다. 또 그들은 택함을 받은 사람들 속에 살아 숨쉬는 하나님의 선한 말씀을 전달하지 않았다. 어미가 아이에게 젖을 물리듯 사람들의 마음에 이 말씀을 전하지 않고, 발람처럼 나오는 대로 말씀을 뱉었을 뿐이다.[34] 그들은 입으로 글자 몇 자 우물거릴 뿐, 그 마음은 말씀에서 10만 킬로미터 이상 떨어져 있도다.

이렇게 어리석으니, 하나님이 몰상식한 믿음에 빠져 사는 우리를 갈기갈기 찢어도 결코 놀랄 일이 아니다. 온 세대가 우리 그리스도인들을 조롱하고, 우리에게 침을 뱉어도 놀랄 일이 아니다. 조롱과 침 뱉음에서 헤어 나오지 못해도 놀랄 일이 아니다. 몰지각한 그리스도인들을 향한 비웃음과 경멸이 실로 곳곳에 적혀 있도다. 친애하는 주인들이시여, 이는 닭장에서 이뤄지

---

34) 민수기 22장을 보면, 이방인 발람은 자기도 모르는 내용을 예언했다.

는 "보호 관찰"Bewährung과 같도다. 어리석은 사람이나 불신자가 우리 모임에 왔다고 해보자. 우리가 살아있는 하나님의 말씀이 아닌 잡담과 헛소리로 그를 속이려고 하면, 그는 "당신 미쳤소? 아니면, 왜 이리 무식한거요?"라고 대꾸할 것이다. 그리고 "도대체 내가 그대 그리스도인들의 경전에서 무엇을 배우고, 무엇을 고심해야 하는 거요?"라고 말할 것이다.[35]

그러나 우리가 하나님의 살아있는 말씀, 진리의 말씀을 배운다면, 우리는 불신에 대해 명확하게 알고 판단할 수 있을 것이다. 우리 마음의 비밀이 깨어날 때, 하나님이 우리 안에 계신다고 겸손하게 고백해야 한다.

보라. 바울은 고린도전서 14장에서 이러한 내용을 증언한다. 바울은 설교자가 계시를 받아야 한다고 말한다. 그가 말하건대, 설교자에게는 하나님의 계시Offenbarung가 있어야 한다. 설교자는 계시 없이 하나님 말씀을 전하지 말아야 한다. 악마도 기

---

35) 문장을 풀어서 번역했다.

독교 신앙의 의로움을 안다. 만일 적그리스도의 종들이 이 사실을 저버렸다면, 하나님의 진노가 극에 달할 것이고 하나님의 말씀은 결코 소멸하지 않는다는 말 역시 우매한 말이 되고 말 것이다. 하나님께서 말씀을 멈추셨더라면, 이런 일이 벌어지지 않지 않았을까?

　머리에 뇌가 있다면, "천지는 없어질지언정 내 말은 없어지지 아니하리라."36라는 말씀에 주목하라. 이 말씀이 책들에만 기록됐다면, 하나님께서 이 말씀을 단 한 번만 언급하셨다면, 이 말씀이 허공 속에 사라졌다면, 이 말씀은 영원한 하나님의 말씀일 수 없을 것이다. 따라서 외부에서 비롯된 기억에 쉽게 유인되는 존재는 피조물밖에 없다.37 예레미야의 말씀처럼, 선한 질서와 거룩한 믿음의 규례를 모두가 외면하는 탓이다. 그렇기에 모든 예언자는 이 문제를 떠들어야 했다. '지금 주께서 너희들

---

36) 마태복음 24장 35절.

37) 사실상, 창조 정신에 반하는 방향이다.

에게 말씀하신다'고 말이다. 예언자들은 주님께서 과거지사로 말씀하셨던 것을 외치지 않는다. 오히려 이들은 지금 이 자리에서 벌어지는 일로 외친다.

나는 기독교 세계에 참을 수 없는 고통과 해악을 끼친 이 현실을 궁휼히 여기고, 옛 교부의 역사를 부지런히 읽은 뒤 그것을 마음에 깊이 새겼다. 나는 사도들의 제자들이 죽은 뒤, 정결한 처녀와 같고 밝은 해처럼 빛났던 교회가 영적 간음으로 말미암아 창녀가 됐음을 알았다. 무엇보다 헤게시푸스가 썼고, 그 후에 에우세비오스가 자신의 책 4권 22장38에서 헤게시푸스를 다루면서 쓴 내용에서 알 수 있듯이 언제나 꼭대기에 앉으려는 학자들이 교회를 창녀로 만드는 데 앞장섰다. 또 나는 어떤 공의회에서도 하나님의 정직한 말씀에 담긴 생생한 명령을 따르는 진

---

38) 카이사레이아의 에우세비오스의 『교회사』 제4권 22장 4절의 내용은 다음과 같다. "그때까지만 해도 그들은 교회를 처녀라 불렀는데, 교회가 무익한 설교로 말미암아 부패하지 않았기 때문이다." 이 문장에서 에우세비오스는 2세기 학자 헤게시푸스의 글을 빌어 당대 발흥한 이설 주장자들(소위 '이단')을 이야기한다.

실한 설명을 찾지 못했다. 초기 공의회 기록에 따르면, 이들의 설명은 유치한 장난 수준이었다.

이 모든 일이 드러나게 된 이유는 하나님께서 사람들을 느슨하게 용납하셨기 때문이다. 하지만 사제들과 원숭이들이 기독교 교회를 대표하는 일이 오래 지속될 수 없도다. 거룩한 교회에서 이들이 사라짐으로 말미암아 하나님께 감사하리라! 오히려 그리스도 안에서 친구이자 하나님 말씀의 택함을 받은 자들은 바울의 가르침처럼 예언하기를 배우라. 예언을 배움으로써, 친구가 되신 하나님오! 이 얼마나 행복한 일인가!께서 택함을 받은 이들에게 어느 지점에서 말씀하시는지를 진정으로 체험하게 되리라. 나는 이러한 가르침을 분명히 전하기 위해, 내 생명을 걸었다. 하나님 뜻에 기꺼이 내 목숨을 바치겠노라. 하나님께서는 택함을 받은 이들과 함께 바로 이 나라39에서 놀라운 일을 행하실 것이다. 여기에 새 교회가 시작될 때, 이 나라 사람들은 온 세

---

39) 프라하가 속한 보헤미아를 가리킨다.

상에 귀감과 모범이 될 것이다.

그러므로 하나님의 말씀을 지킬 수 있도록 나는 여러분 각자에게 도움을 요청한다. 엘리야의 정신으로 우상 바알에게 제사하도록 그대들을 가르친 자들이 누구인지 정확히 지적하려한다. 만일 그대들이 이를 행하지 않는다면, 하나님은 내년에 투르크인들의 손을 들어 그대들을 칠 것이다. 내 말이 실현되리라는 것을 나는 확실히 안다. 나는 예레미야가 당했던 고통과 비슷한 고통을 당할 각오를 하고 그대들에게 말한다.

친애하는 보헤미아 사람들이여 명심하라! 베드로의 가르침대로, 그대들의 신앙을 달아보는 이는 내가 아니라 하나님이시다. 나도 그대들에게 내 신앙의 값을 치를 것이다. 만일 내가 이토록 자랑하는 것을 꿰뚫어 알지 못한다면, 나는 일시적인 죽음의 자식 혹은 영원한 죽음의 자식이 되리라. 이 이상의 담보는없다. 이를 담보로 나는 그대들을 그리스도께 위탁하노라.

1521년 만성절에 프라하에서

프라하 선언[40]
보헤미아 사건에 관한 항변

슈톨베르크 출신 나 토마스 뮌처는 거룩하고 용감한 전사 얀 후스의 도시 프라하에 머물며, 경쾌하고 큰 나팔 소리로 성령을 찬양하노라.

전심全心으로 증언하겠다. 하나님의 택함을 받은 이들, 곧 선민選民들이 활동하는 교회들과 이 편지가 닿을 세상 곳곳에 보잘것없어 보이는 내 불만들을 똑똑히 전하겠다. 그리스도께서 이 일의 보증이시며, 어린 시절부터 나를 알았던 모든 선민이 그

---

40) 원문 출처는 다음과 같다. Thomas Müntzer, *Das Prager Manifest* (1521), in Gerhard Wehr (Hrsg.), *Thomas Müntzer. Schriften und Briefe*, Frankfurt am Main, Fischer Taschenbuch Verlag, 1973, p. 42-50.

증인이로다. 나는 귀하고 거룩하며 비굴하게 아무에게나 굽실
대지 않는 기독교 신앙의 본모습을 그 누구보다 잘 알고 깊이 알
기 위해 사력을 다했음을 맹세한다. 단언컨대, 이러한 신앙 본
연의 모습에 관해 사소한 것이라도 논할 수 있는 사람 중에는 소
위 기름 부음 받았다는 사제들이나 독실篤實하다는 수사들이 단
한 명도 없다. 나와 더불어 작금의 사태를 한탄하는 수많은 사
람은 아무런 위로도 받지 못하고, 스스로 길도 개척하지 못하는
상태에서, 그저 속이기 쉬운 대상으로 전락하고 말았다. 도무
지 납득할 수 없는 상황이다. 이 사제들과 수사들은 구원을 향
한 여정에서 만나는 시련과 시험을 찾을 수 없었다. 그리고 앞
으로도 절대 찾지 못하리라. 또 하나님을 경외하는 영[41]에 사로
잡히지 않은 탓에, 섭리의 영께서 영혼 속에 창조한 공백evacutio

---

41) 이 표현에는 사람을 두려워하지 말고, 오로지 하나님만 경외하라는 뜻이 함
축됐다. 사회정치 차원으로 의미를 확장하면, 사람에게서 도래하는 모든
것을 두려워하지 말라는 의미도 된다. 즉, 위협, 고난, 박해 등을 두려워하
지 말아야 한다. 기존 제도권에 대한 뮌처의 공세적 시각을 담은 표현이라
할 수 있다.

predestin mentis 42도 누리지 못하리라. 하나님의 선택을 받은 자들은 감당키 어려운 세파世波에 휩쓸려 익사하기 직전이다. 이들이 붙잡아야 할 견고하고 유일한 푯대는 하나님을 경외하는 영이다. 요컨대 지금은 모든 사람이 성령을 일곱 배로 받아야 할43 시대다. 그렇지 않고선, 살아있는 하나님의 말씀을 제대로 듣지도 못하고 품지도 못하리라. 진실로 말하노라. 나는 탄탄한 이성과 고급 지성을 갖췄다는 이 박사들에게서 하나님 이야기나 피조물에 심긴 질서에 관해 단 한마디도 들어본 적이 없다. 간명簡明한 단어로 정리할 수 있는 능력자들이 어떻게 된 영문인지, 이 문제를 눈곱만큼도 거론하지 않는다. 그저 중얼중얼 읊조리

---

42) 뮌처의 신비 사상이 드러난 표현이다. 이러한 공백은 인간 영혼의 깊은 곳에서 "성령을 받아들일 수" 있도록 한다. 뮌처에 따르면, 영혼의 깊은 곳에 존재하는 빈 공간을 오로지 하나님만 경외하는 영으로 채워야 한다.

43) 엘리야의 후계자인 엘리사의 간청(왕하 2:9)에서도 볼 수 있는 것처럼, 하나님의 영으로 더욱 충만한 상태를 가리키는 표현이다. 세태를 올바로 판단하고 의로운 믿음의 실천을 할 수 있는 '선민'에게는 일곱 배의 영감, 즉 온전한 영감이 필요로 하다는 뜻으로 해석할 수 있다.

기만 할 줄 아는 이 박사들은 개똥만도 못한 자들이다.44 그리스도인들 가운데 선두에 있다는 자들조차 순전하고 완전한 분의 향기를 맡은 적이 단 한 번도 없다. 모든 지체肢體에게 공평하게 나타나지만, 지체보다 높으신 분이자 결코 나뉠 수 없는 이 완전한 분의 자취를 따른 적도 없다. 그래서 나는 이 사제들을 [천국의 선봉이 아닌] 지옥의 똥개라 부르겠다. 고린도전서 13장 9절, 누가복음 6장, 에베소서 4장 4절, 사도행전 2장 15절과 17절을 당장 읽어보라. 이 사제들은 강도의 습성과 살인자의 잔인함을 맘에 품고 간사하고 교활하게 말씀을 훔쳤다. 나는 완전히 발가벗겨질 정도로 이들에게 짓밟힌 말씀 하나를 인용하려 한다. 사제들의 이 도둑질에 대해 하나님께서도 예레미야의 입을 빌어 저주를 퍼부으셨다. 예레미야 23장 16절을 [이렇게 읽으리라.] "들으라! 내가 예언자들에 대해 말하겠다. 이 자들은 이웃에게

---

44) 뮌처는 본문에서 유럽의 오랜 속담인 "당나귀 방귀에서 건질 게 없다"를 사용한다. 아무런 쓸모없는 상태를 빗댄 표현으로서 한국 정서에 맞게 표현을 다듬었다. 당대 신학 지식인을 향한 뮌처의 매우 원색적인 비판이다.

서 내 말씀을 강탈한 자들이다. 이들은 내 백성을 속였다. 나는 그들에게 단 한 번도 그렇게 말하지 않았다. 그들은 내 말씀의 지위를 찬탈하여 구린내 나는 입과 음녀의 목구멍에서 썩게 하였다. 내 영이 사람들에게 말하는 것을 그들은 부정한다."45

풍자와 거만한 조롱으로 가득 찬 그들은 성령께서 그들에게 반박할 수 없는 증거, 곧 로마서 8장46과 시편47에 준해 자신들이 하나님 자녀들이라는 반박할 수 없는 증거를 주셨다고 주장하기 위해 수사의 자질48을 앞세운다. 이 저주받아 마땅한 것들

---

45) 본문과 예레미야 23장 16절 내용이 약간 다르다. 예레미야 23장은 선지자들에 대한 규탄을 기록했다는 점에서 맥이 통하지만, 세세한 내용에는 차이가 있다. 마지막 구절에서 '내 영이 백성에게 말하는'과 같은 표현은 뮌처의 신비주의에 대한 지지를 드러낸다. 말씀 자체에 방점을 찍은 다른 개혁자들의 노선과 달리, 뮌처는 사람들 속에 말씀과 말씀 너머로 약동(躍動)하는 성령을 강조한다.

46) "성령이 친히 우리의 영과 더불어 우리가 하나님의 자녀인 것을 증언하시나니." (로마서 8장 16절)

47) "하나님은 거룩한 자의 모임 가운데에서 매우 무서워할 이시오며 둘러 있는 모든 자 위에 더욱 두려워할 이시니이다." (시편 89편 7절)

48) 수사의 자질이란 실제 수사의 능력과 수준을 가리킨다기보다 신분과 위계를 내세운다는 표현이다.

이 뻔뻔한 얼굴을 들이미는 상황에 전혀 놀랄 필요가 없다. 왜냐면 위에 인용된 장렘 23장에서 예레미야는 이들을 향해 "누가 여호와의 회의에 참여하여 그 말을 알아들었으며 누가 귀를 기울여 그 말을 들었느냐?"[49]라고 따지기 때문이다.

이 말씀은 선에 무감각하고 참나무처럼 단단하게 굳은 오만한 사제들을 겨냥한다. 지금 하나님께서는 디도서 1장[50]에 기록된 고위 사제들을 향하여 도무지 제어할 수 없는 진노의 말씀을 쏟고 계신다. 이 사제들이 구원과 믿음의 터를 부정하고, 남보다 높은 자리에 올라 철옹성을 쌓으려 하기 때문이다. 에스겔 3장 9절[51]의 말씀처럼, 이 사제들은 신성모독 발언과 거만한 태

---

49) "항상 그들이 나를 멸시하는 자에게 이르기를 너희가 평안하리라 여호와의 말씀이니라 하며 또 자기 마음이 완악한 대로 행하는 모든 사람에게 이르기를 재앙이 너희에게 임하지 아니하리라 하였느니라." (예레미야 23장 17절)

50) "감독은 하나님의 청지기로서 책망할 것이 없고 제 고집대로 하지 아니하며 급히 분내지 아니하며 술을 즐기지 아니하며 구타하지 아니하며 더러운 이득을 탐하지 아니하며" (디도서 1장 7절)

51) 에스겔 3장 9절("네 이마를 화석보다 굳은 금강석 같이 하였으니 그들이 비록 반역하는 족속이라도 두려워하지 말며 그들의 얼굴을 무서워하지 말라

도로 공격해 오는 적에 맞서 선민들을 보호하겠다는 명분을 내세웠다. 그러나 이들이 이렇게 말하는 이유는 따로 있다. 이들은 자기 판단으로 말씀을 능멸할지 모른다는 생각을 아예 하지 않는다. 그렇기에, 아무렇지 않게 헛소리를 마구 지껄이는 것이다. 그들의 마음, 머리, 입술 어느 곳에서도 이러한 생각이 나오지 않는다. 과연 이들 가운데 하나님의 참된 종이 있는가? 하나님 말씀의 증인이 있는가? 감히 누가 참된 종이며 말씀의 증인이라고 쉽게 단언할 수 있는가? 하나님의 은혜를 입었노라 단상에서 떵떵거리는 설교자들이 있다. 정수리부터 발바닥까지 죄로 꽉 찬 자들이다. 기독교 세계를 더럽히고 독살하는 이 죄인들의 머리에 기름을 부은시편 141편 52 교황이야말로 진짜 니므롯53

하시니라")을 보라. 예레미야 1장 18절("보라 내가 오늘 너를 그 온 땅과 유다 왕들과 그 지도자들과 그 제사장들과 그 땅 백성 앞에 견고한 성읍, 쇠기둥, 놋성벽이 되게 하였은즉")도 참고하라.

52) "의인이 나를 칠지라도 은혜로 여기며 책망할지라도 머리의 기름 같이 여겨서 내 머리가 이를 거절하지 아니할지라 그들의 재난 중에도 내가 항상 기도하리로다"(시편 141편 5절)

53) 창세기 10장에 따르면, 니므롯은 구스의 아들로 노아의 4대손이다. 성서는

이 아니고 뭐겠는가?

요컨대 시편 5편54의 기록처럼, 이 자들의 맘을 심히 부패 케 한 이는 바로 하나님이다. 이들에게는 성령이 없다. 이들은 마귀의 일에 전념하고, 마귀를 친아비로 삼았다. 그들은 하나님 의 참되고 살아있는 말씀을 들으려 하지 않는다. 요 8:38, 사 24:5, 호 4:6 마찬가지로, 스가랴 11장55의 [양 떼를 버리는 목자처럼] 이들은 우상들과 허수아비들이다. 요한복음 3장56의 말씀처럼, 이들은 저주받아 마땅한 자들, 이미 심판받은 자들이다. 실로 그렇다. 이들은 자잘한 동네 양아치가 아닌, 집단 폭력배다. 흉

그를 고대 아시리아와 메소포타미아 지역에 해당하는 '시날' 땅의 군주와 강한 용사로 소개한다.

54) 시편 5편 10절을 보라. "하나님이여 그들을 정죄하사 자기 꾀에 빠지게 하시고 그 많은 허물로 말미암아 그들을 쫓아내소서. 그들이 주를 배역함이니이다."(시 5:10).

55) "화 있을진저 양 떼를 버린 못된 목자여 칼이 그의 팔과 오른쪽 눈에 내리리니 그의 팔이 아주 마르고 그의 오른쪽 눈이 아주 멀어 버릴 것이라 하시니라." (스가랴 11장 17절)

56) "그를 믿는 자는 심판을 받지 아니하는 것이요 믿지 아니하는 자는 하나님의 독생자의 이름을 믿지 아니하므로 벌써 심판을 받은 것이니라." (요한복음 3장 18절)

포凶暴한 자들이 비천한 민초에게 활을 겨눴구나. 내면에 거칠고 포악한 성질을 단단히 박아 놓고 사는 자들이로다. 하나님 앞에 서건, 사람들 앞에서건, 이들에게는 아무런 권리가 없다. 바울이 갈라디아서에서 두 종류의 사람에 대해 쓴 것[57]으로 이를 충분히 이야기하고도 남으리라.

따라서 하늘과 땅이 존재하는 한, 사기와 흉악으로 점철된 이 사제들은 교회에 아무런 유익이 없다. 왜냐면 이들은 신랑이신 주님의 목소리를 부정하기 때문이다. 주님의 목소리는 이들이야말로 악마라는 사실을 보이는 확실하고 분명한 징표임에도, 이들은 애써 부정한다. 매춘부처럼 뻔뻔한 얼굴로 건방지게 하나님 말씀마저 거부하는 이들이 어떻게 하나님의 종이 될 수 있으며, 말씀의 증인이 될 수 있단 말인가? 참된 사제들은 고린

---

57) "내게 말하라 율법 아래에 있고자 하는 자들아 율법을 듣지 못하였느냐. 기록된 바 아브라함에게 두 아들이 있으니 하나는 여종에게서, 하나는 자유 있는 여자에게서 났다 하였으며" (갈라디아서 4장 21-22)

도전서 14장58에 나오는 '계시들'을 새기고 그 행위의 확실함을 보여야 한다. 그러나 이미 완악할 대로 완악해진 이 사기꾼들은 참된 사제가 되기 글렀다. 그러니 말씀 전부를 삼켰다고 주장하는 이들을 성문 밖에 내동댕이쳐야 마땅하다. 참말로 벼락 맞아 죽어도 싼 것들이다. 선택된 자들과 버림받은 자들의 차이를 둔 사도 바울이 고린도 사람들에게 전한 말씀들특히 고후 3:3로 말이다.

어떤 이들에게는 복음과 성서의 온 말씀이 이사야 29장59과

---

58) "만일 곁에 앉아 있는 다른 이에게 계시가 있으면 먼저 하던 자는 잠잠할지니라." (고린도전서 14장 30절)

59) "너희는 놀라고 놀라라 너희는 맹인이 되고 맹인이 되라 그들의 취함이 포도주로 말미암음이 아니며 그들의 비틀거림이 독주로 말미암음이 아니니라. 대저 여호와께서 깊이 잠들게 하는 영을 너희에게 부어 주사 너희의 눈을 감기셨음이니 그가 선지자들과 너희의 지도자인 선견자들을 덮으셨음이라. 그러므로 모든 계시가 너희에게는 봉한 책의 말처럼 되었으니 그것을 글 아는 자에게 주며 이르기를 그대에게 청하노니 이를 읽으라 하면 그가 대답하기를 그것이 봉해졌으니 나는 못 읽겠노라 할 것이요. 또 그 책을 글 모르는 자에게 주며 이르기를 그대에게 청하노니 이를 읽으라 하면 그가 대답하기를 나는 글을 모른다 할 것이니라." (이사야 29장 9-12절)

다윗의 열쇠를 말하는 22장60, 봉인된 책을 전하는 요한계시록 61에 나오는 표현처럼 열쇠로 굳게 잠겼다. 에스겔은 굳게 잠긴 것을 풀었다. 이들은 하나님이 사람에게 인격체의 모습으로 말할 수 없다고 주장하면서 성서의 말씀을 열쇠로 걸어 잠근다. 씨앗이 옥토, 곧 하나님에 대한 경외감으로 가득한 마음에 떨어질 때, 하나님은 종이와 양피지에 먹물이 아닌 살아있는 손으로 참되고 거룩한 말씀을 새길 것이다. '성서 밖의 성서'가 그 말씀의 참 증거가 되리라. 아버지께서 사람의 맘으로 아들에게 말씀하시는 것처럼, 하나님의 살아 역사하는 말씀보다 더 확실하게 성서의 진리를 보장할 수 있는 길은 없다.

하나님의 택함을 받은 이들은 이 말씀을 읽고 하나님께서 주신 달란트의 열매를 맺을 것이나 정죄를 당한 자들은 그렇지

---

60) "내가 또 다윗의 집의 열쇠를 그의 어깨에 두리니 그가 열면 닫을 자가 없겠고 닫으면 열 자가 없으리라." (이사야 22장 22절)

61) "그 어린 양이 나아와서 보좌에 앉으신 이의 오른손에서 두루마리를 취하시니라." (요한계시록 5장 7절)

못하리라. 이들의 마음이 완고한 탓이리라. 장인의 끌을 계속 엇나가게 하는 돌과 같도다. 그래서 사랑하는 우리 주님께서는 씨가 떨어졌는데도 아무런 열매를 맺지 못하는 자들, 곧 죽음의 말을 즐거움, 큰 기쁨, 헛된 자랑으로 받아들이는 자들을 두고 돌처럼 굳어버린 자들이라 하셨다. 내 영혼 깊은 곳에서 반추해 보건대, 책에서 비롯된 진리에 희열을 느끼고 이를 부풀릴 대로 부풀려 받아들이는 이들은 대부분, 학자들, 사제들, 수사들이었다. 나는 책에서 비롯된 진리에 이들만큼 유난을 떠는 이들을 본 적이 없다. 그러나 하나님께서는 이들의 마음에도 살아있는 말씀을 새기고자 한다. 그러나 하나님의 살아있는 말씀에 적대적인 자들은 결단코 해 아래 거하는 자들이 아니다. 해 아래 거하지 않는 자들은 하나님을 경외하는 영으로 인해 겪을 수 있는 믿음의 시련도 요리조리 피한다. 그러니 거짓 예언자와 적그리스도는 영원히 고통 받을 불 못에 모조리 처넣어야 하리라. 아멘.

이들은 하나님을 경외하는 영으로 말미암아 괴로워하기를
원치 않는다. 따라서 이들은 믿음의 시련을 영원히 하찮게 여긴
다. 예레미야 8장 8절의 말씀처럼, 거룩한 말씀을 적용할 수 있
을 만한 어떠한 삶의 체험도 없는 자들이다.[62] 이들은 참된 말씀
을 내버리는 교활한 자들이다. 글을 써도 꼭 그런 식으로 쓴다.
게다가 이들은 이 말씀에서 세세 무궁토록 영원하신 주님의 소
리를 절대 들으려 하지 않는다. 하나님의 말씀을 들은 피조물들
은 고통을 통과해야 하기 때문이다. 악인들의 심중에 고통 따위
는 없다. 이들의 마음은 나날이 딱딱하게 굳는다. 이들은 내면
에 빈 공간을 만들 능력도 없고, 만들 의지도 없다. 이들의 기저
에는 일관성이 없다. 이들은 자기 주인에 질색한다. 하여, 이들
은 시련의 때에 믿음을 포기하고 육신이 된 말씀을 외면한다. 고
통을 통해 그리스도를 닮으려는 시도를 이 악인들은 기를 쓰고

---

62) "너희가 어찌 우리는 지혜가 있고 우리에게는 여호와의 율법이 있다 말하
  겠느냐 참으로 서기관의 거짓의 붓이 거짓되게 하였나니."(예레미야 8장 8
  절)

거부하려 한다. 그저 꿀처럼 달콤한 생각만으로 그에 이르려 한다. 저주를 받아 마땅한 자들이로다. 그리스도에 이르는 길은 망상이고 몰상식이라고 말하고, 절대 실현될 리 없다고 떠드는 이 사제들은 진리의 열쇠를 훔친 도적들이다. 심판받아야 할 자들이다. 그 뼛가루까지 영원토록 정죄를 받아야 하리라. 그러나 나는 이들을 정죄하는 데 힘 쏟지 않겠다. 왜 그런가? 민수기 19장으로 그 이유를 대신하겠다. 제3일에 하나님을 경외하는 물을 받지 못한 자가 어찌 제7일에 정결케 되겠는가?[63] 사악한 것들아, 지옥에나 떨어져라.

그러나 나는 민초들을 의심치 않는다. 의롭고 가련한 이 적은 무리여! 얼마나 간절하기에 하나님 말씀에 목마른 자처럼 행동하는가! 무엇을 해야 할지 혹은 어느 무리에 가담해야 할지를

---

63) "그는 셋째 날과 일곱째 날에 잿물로 자신을 정결하게 할 것이라. 그리하면 정하려니와 셋째 날과 일곱째 날에 자신을 정결하게 하지 아니하면 그냥 부정하니, 누구든지 죽은 사람의 시체를 만지고 자신을 정결하게 하지 아니하는 자는 여호와의 성막을 더럽힘이라. 그가 이스라엘에게 끊어질 것은 정결하게 하는 물을 그에게 뿌리지 아니하므로 깨끗하게 되지 못하고 그 부정함이 그대로 있음이니라."(민 19장 12-13절).

몰라 이리저리 헤매는 모습이 선명하도다. 최선을 다하나, 무엇을 위해 최선을 다하는지도 알지 못하는구나. 성령이 자기 마음에 전하는 증거들에 순응하는 법도 복종하는 법도 모르는 탓이리라. 하여, 그대들은 하나님 말씀에 목마르도다. 말씀에 목마른 이 무리는 하나님을 경외하는 영으로 말미암아 괴로워하며, "어린아이들이 떡을 구하나 떼어줄 사람이 없도다."[64]라고 외친 선지자 예레미야의 말씀을 응하게 했도다.

아, 아, 정말이지 그 누구도 이 현실을 부수지 못했구나! 탐욕에 찬 애송이들이 교황 숭배자들의 검증되지 않은 성서 말씀을 가련하고도 가련한 사람들에게 마치 동네 개에게 빵 조각 던지듯 했도다. 이러했음에도, 이 가련한 민초들은 사제들의 떡밥을 끊지 못했구나. 자기 안에서 역사하시는 성령을 알 수 있도록 이성을 개방했어야 했건만, 이 이성을 온전히 열지 못한 탓이로다. 사제들이 한 무더기 모였어도 과연 누가 영생을 얻을 수 있

64) "젖먹이가 목말라서 혀가 입천장에 붙음이여 어린 아이들이 떡을 구하나 떼어 줄 사람이 없도다." (예레미야애가 4장 4절)

을 사제인지 말할 수조차 없구나.

이렇게 긴 논의가 필요한 이유는 무엇인가? 에스겔 34장의 말씀처럼, 영주들이라는 자들은 짐승처럼 게걸스럽게 배를 불리고 밤낮으로 음식과 재물 축적에 혈안이기 때문이다.65 이들은 새끼를 품는 암탉66에 자신을 빗댄 사랑하는 그리스도와 같은 주인이 아니다. 이들은 믿음의 체험이 없는 탓에 절망과 실의에 빠진 사람들에게 하나님의 권면이라는 마르지 않는 샘에서

---

65) "인자야 너는 이스라엘 목자들에게 예언하라 그들 곧 목자들에게 예언하여 이르기를 주 여호와께서 이같이 말씀하시되 자기만 먹는 이스라엘 목자들은 화 있을진저 목자들이 양 떼를 먹이는 것이 마땅하지 아니하냐(2) / 주 여호와의 말씀에 내가 나의 삶을 두고 맹세하노라 내 양 떼가 노략 거리가 되고 모든 들짐승의 밥이 된 것은 목자가 없기 때문이라 내 목자들이 내 양을 찾지 아니하고 자기만 먹이고 내 양 떼를 먹이지 아니하였도다(8)/ 주 여호와께서 이같이 말씀하시되 내가 목자들을 대적하여 내 양 떼를 그들의 손에서 찾으리니 목자들이 양을 먹이지 못할 뿐 아니라 그들이 다시는 자기도 먹이지 못할지라 내가 내 양을 그들의 입에서 건져내어서 다시는 그 먹이가 되지 아니하게 하리라(10)" (에스겔 34장 2절, 8절, 10절)

66) 마태복음 23장 27절("화 있을진저 외식하는 서기관들과 바리새인들이여 회칠한 무덤 같으니 겉으로는 아름답게 보이나 그 안에는 죽은 사람의 뼈와 모든 더러운 것이 가득하도다")과 누가복음 13장 34절("예루살렘아 예루살렘아 선지자들을 죽이고 네게 파송된 자들을 돌로 치는 자여 암탉이 제 새끼를 날개 아래에 모음 같이 내가 너희의 자녀를 모으려 한 일이 몇 번이냐 그러나 너희가 원하지 아니하였도다")을 보라.

나오는 젖을 주지도 못한다. 이들은 풀밭과 늪에서 개구리를 잡아가다 둥지에 있는 어린 새끼들에게 토하는 황새와 같다. 이익과 탐욕에 눈이 멀고 지대地代 징수에 혈안인 이 사제들도 마찬가지다. 이들은 버러지만큼의 가치도 없고 검증조차 되지 않은 문자와 믿음을 하나님 말씀이랍시고 민초들에게 쏟는다. 죽은 말씀을 이 가련하고, 가련하고, 의로운 민초들에게 토한다. 이들이 범한 잘못으로 인하여, 더 이상 누구도 영혼 구원을 확신할 수 없다. 바알세불의 종들이 오로지 성서의 일부만 경매에 붙이기 때문이다. 인간은 자신이 하나님의 사랑을 받을 자격이 있는지 미움 받을 자격이 있는지 모른다. 이것도 은사라 할 수 있는가? 그렇다면, 이 은사의 출처는 필시 무저갱이리라. 왜냐면 음행하는 자와 같은 사제들이 요한계시록의 지적처럼 마귀의 군왕들 가운데 가장 기만적이고 사악한 자들에게 사로잡혔기 때문이다. 사제들은 이런 식으로 하나님의 충실한 어린 양들을 흩뿌려 교회의 눈에 더 이상 보이게 하지 않았다. 그리하여 무지한 자들의 무리에게 의인들을 구별할 수 있는 자가 아무도 없게 됐다.

또 이들은 병든 것과 건강한 것을 구별하지 못한다. 저주받을 자들로 인해 교회가 뿌리까지 썩은 작금의 상황을 아무도 염려하지 않는다. 양들은 하나님의 살아있는 말씀, 그러니까 요엘 2장67의 말씀과 시편 89편68의 다윗의 고백처럼, 모두에게 계시가 필요하다는 사실을 잘 모른다. 양들을 하나님의 살아있는 말씀, 즉 계시로 인도하는 일이 바로 참된 목자의 직무다. 양들이 살아있는 말씀으로 새 힘을 얻도록 안내자 역할을 해야 한다. 하

---

67) "그 후에 내가 내 영을 만민에게 부어 주리니. 너희 자녀들이 장래 일을 말할 것이며 너희 늙은이는 꿈을 꾸며 너희 젊은이는 이상을 볼 것이며 그 때에 내가 또 내 영을 남종과 여종에게 부어 줄 것이며 내가 이적을 하늘과 땅에 베풀리니 곧 피와 불과 연기 기둥이라. 여호와의 크고 두려운 날이 이르기 전에 해가 어두워지고 달이 핏빛 같이 변하려니와 누구든지 여호와의 이름을 부르는 자는 구원을 얻으리니. 이는 나 여호와의 말대로 시온 산과 예루살렘에서 피할 자가 있을 것임이요 남은 자 중에 나 여호와의 부름을 받을 자가 있을 것임이니라." (요엘 2장 28–32절)

68) "그 때에 주께서 환상 중에 주의 성도들에게 말씀하여 이르시기를 내가 능력 있는 용사에게는 돕는 힘을 더하며 백성 중에서 택함 받은 자를 높였으되"(시편 89편 19절)

여, 마태복음 23장[69]의 말씀대로, [참된 목자는] 하나님을 아는 지식을 가르치는 한 가지 일에 매진해야 할 것이다. 택함을 받은 이들이 여러 면에서 저주받은 자들과 별반 다르지 않다. 오히려 닮은꼴이 됐다. 머지않아 이들도 심판을 면치 못하리라. 그리고 온 세상은 그리스도께서 택함을 받은 자들에게 친히 복음을 전할 필요가 없다고 생각했다. 이 모두가 오래전에 만들어진 일이 아니다.

살아계신 하나님을 두고 맹세하노니, 하나님의 입술에서 나오는 살아있는 말씀을 듣지 않고, 성서Bibel와 바벨Babel이 무엇인지를 구별치 못하는 자는 죽은 상태나 다름없다.[70] 그러나 하나님 말씀은 심장, 머리, 피부, 머리카락, 뼈, 골수, 피, 힘, 활력을 찔러 쪼개기까지 한다. 이 말씀은 불알 두 쪽 딸랑거리는 멍청한 박사 나리들의 말과 전혀 다른 모양으로 나타난다. 다른 길

---

69) "그러나 너희는 랍비라 칭함을 받지 말라 너희 선생은 하나요 너희는 다 형제니라." (마태복음 23장 8절)

70) 언어유희를 통한 비판이다. 독일어로 성서와 바벨의 발음이 유사하다.

로는 누구도 자기 구원을 이룰 수 없으며, 구원에 이르는 다른 길도 찾지 못한다. 택함을 받은 이는 저주받은 자와 충돌해야 하고, 저주받은 자들이 이룬 세력은 택함을 받은 이를 피해야 하리라. 그대들은 하나님이 누구신지를 다른 방식으로 이해할 수 없다. 왜냐면 이사야 55장과 60장, 요한복음 6장의 말씀처럼 한 번 성령을 받은 자는 더 이상 정죄되지 않아야 하기 때문이다.[71] 아! 발람과 같이 가르치는 설교자들이여, 그대들에게는 불행이로다! 그 입에 말씀이 있으나 그 마음은 천 리보다 천 배는 더 멀리 떨어져 있구나.

　민초들은 참된 목자 없이 산다. 누구도 이들에게 믿음의 체험을 설교하지 않은 탓이리라. '믿음 체험'이라는 엄중한 요소가 필요했음에도, 유대 사제들과 이방 사제들은 그 필요를 무시

---

71) "내 입에서 나가는 말도 이와 같이 헛되이 내게로 되돌아오지 아니하고 나의 기뻐하는 뜻을 이루며 내가 보낸 일에 형통함이니라."(이사야 55장 11절), "네 백성이 다 의롭게 되어 영원히 땅을 차지하리니 그들은 내가 심은 가지요 내가 손으로 만든 것으로서 나의 영광을 나타낼 것인즉"(60장 21절), "선지자의 글에 그들이 다 하나님의 가르치심을 받으리라 기록되었은즉 아버지께 듣고 배운 사람마다 내게로 오느니라."(요한복음 6장 45절)

하곤 한다. 이들은 선행이나 고귀한 미덕으로 신의 진노를 피할 수 있다고 말한다. 그들은 그럴 수 있다. 그러나 그들은 하나님 체험이 무엇인지, 올바른 믿음이 무엇인지, 확고하고 탄탄한 덕이 무엇인지, 하나님 앞에서의 선행이 무엇인지를 전혀 가르치지 않는다. 따라서 하나님의 택함을 받은 이들이나 저주를 받은 자들이나 가릴 것 없이, 하나님이 우리 모두를 몸과 삶에서 옛적보다 더 심각한 홍수를 일으켜 가루와 폐허로 만들 것이다. 하나님께서 그런 징벌을 내리더라도 전혀 놀랄 이유가 없다. 또 저주스러운 유혹에 굴복한 자들에게 하나님의 철퇴가 떨어진다고 해도 놀랄 필요가 없다. 우리의 믿음이 '루시퍼'와 '사탄'을 닮은 탓이며, 나무와 돌보다 더 조잡한 상태이기 때문이다.

다른 사람들은 우리의 신앙을 깔본다. 내 생각에 이러한 평가에 이유가 없지 않다. 불신자들은 우리에게 명확한 해명을 요구하곤 하는데, 거기에는 타당한 이유가 있었다. 내 생각도 마찬가지다. 불신자들이 설명을 요구하는 이유는 분명 신자들에게 문제가 있었기 때문이다. 그러나 우리 신자들은 이 불신자들에게 쓸데없는 대답만 늘어놓았다. 오만하게도 두꺼운 책들만 괴발개발 썼다. 믿음에 관해 쓴답시고, 그리스도는 이것을 말했고 바울은 저것을 썼다는 식으로 긁어모으기만 했다. 또 예언자들은 이것저것을 예언했고 우리 어머니인 거룩한 교회현실은 사창가 후원자는 이것저것을 규정했다는 말로 책 분량을 늘렸다. 거룩한 교황, 아니, 돌대가리, 똥통, 로마 사창가 포주나 다름없는 자가 이것저것을 금지했다. 맞다. 금지는 금지다. 아무리 지푸라기 같은 박사들의 의견이라고 하더라도, 그 양심까지 경멸할 이유는 없으니 말이다.

그러니 독자 여러분이여, 단어들을 바꾸거나 다르게 배열하시라. 입으로만 떠드는 사람들이 아무런 체험 없이 성서를 읽고, 그것으로 기독교 신앙을 보이려 하니, 참으로 통탄할 일이로다! 통탄하고, 통탄하고, 통탄할 일이로다! 사람들을 그릇된

곳으로 인도하는 지옥의 사제들, 아스모데오스[72]의 피조물인 이 사제들에게 저주가 있으리라. 우리 신앙의 증거들을 쓸모없는 것으로 돌리는 일을 그 누구도 보지 않으려 하며, 이해하지 않으려 한다. 같은 종류의 다른 증거들로 불신자들에게 설명하기 바쁘다. 이런 자들을 과연 뇌 있는 자들이라 할 수 있는가? 여러분도 그렇게 생각하는가? 책에 나오는 것만 보증할 만한 것이라고 언급할 자격 외에, 이들에게 할당된 자격은 없다. 책 쓴 자들이 설마 자기 책마저 거짓말이라고 하겠는가? 이것이 진실인지 아니면 저것이 진실인지 과연 우리는 어떻게 알 수 있는가?

투르크인들과 유대인들, 심지어 하나님의 택함을 받은 수많은 사람까지, 모두 우리의 반박 근거들에 귀를 기울이려 한다. 그러나 마귀의 종노릇하기 바쁜 이 사제라는 작자들은 진리 소유에 대한 어떤 권리도 부정할 처지도 아닌 주제에 미간만 찌푸리며 우리의 근거들을 정죄하기 바쁘다. 그들은 "믿는 자들과

---

72) 개신교에서 외경으로 분류된 "토비트"(Tobit)서는 아스모데오스를 유혹과 훼방의 악마로 그린다.

세례를 받는 자들이 구원을 얻는다."라는 말을 노골적으로 인용하면서 우리더러 적들을 이롭게 하고 정당화하는 확실한 근거들을 제공했다고 몰아가며, 적들에게 단순하기 그지없는 방식으로 믿음을 설명하려 한 넋 나간 바보들이라고 폄하하며, 이런 근거들은 그냥 쓰레기통에 처넣어야 하고 이런 것을 증거랍시고 내놓는 자들도 모조리 지옥 불구덩이에 처넣어야 한다고 선동한다. 이 증거들이 광기 자체보다 더 미쳤기 때문이라면서 말이다. 한숨과 비탄이 몰려드는 이 상황에 과연 누가 함께 하겠는가? 우리처럼 피 끓는 맘을 가진 동지들이 정녕코 없단 말인가? 이런 자들에게 계속 미친놈 취급을 받아야 한단 말인가? 말도 안 되는 이 상황을 계속 견뎌야 한단 말인가?73

작은 불꽃이 큰불을 일으킨다. 과연 우리는 이를 느끼지 못한단 말인가? 아니, 사람들 모두가 이를 느낀다. 나 역시 마찬가지다. 작금의 교회를 바라보며, 나는 크나큰 연민을 느낀다. 하

---

73) 문단 후반부는 프라하의 신자들을 향한 뮌처의 '선동' 의지를 감추지 않는다.

나님이 교회를 완전히 소멸시키려 큰 고통을 일부러 내리지 않
는 이상, 교회의 파멸은 가당치 않으리라. 하나님에 대한 신앙
을 가르치기는커녕 바알 숭배만 가르친 이 개새끼들Dünnscheißern
74만 아니었어도, 하나님은 교회가 이렇게까지 망가지도록 놔
두지 않았을 것이다. 그러나 지금 교회는 곳곳에서 터지고 찢
어졌다. 내 가슴도 찢어진다. 무엇보다, 바알 숭배를 가르친 이
개새끼들은 거꾸로 매달아 썰어 죽여도 시원치 않을 놈들man sie
auseinandersägte이다.75 다니엘이 말했듯, 하나님의 규례와 법도
를 행하지 않은 자들이기 때문이다.76

---

74) 문자 그대로 말하면, "천박하고"(dünn) "망해도 싼"(scheißerr)이다. 물론,
비속어이며 상대에 대한 큰 경멸을 담은 표현이다. 우리 정서에 맞춰 의역
했음을 밝힌다.

75) 뮌처의 표현이 상당히 과격하다. 뮌처는 'auseinandersägte'라는 용어를
사용하는 데, '나뉘어져, 갈라져, 따로따로'라는 의미의 'auseinander'와
'톱으로 켜다'의 'sagen'의 합성어이다. 이는 뮌처 시대에도 존재했던 처
형 방법으로써 사람을 거꾸로 매달아 톱으로 썰어 두 동강 낸다. 부패한 사
제들과 신학자들에 대한 뮌처의 분노가 얼마나 컸는지를 확인할 수 있는
표현이다.

76) 정확한 출처는 알 수 없지만, 뮌처는 다니엘 6장을 염두에 두고 본문을 쓴
것처럼 보인다. 다니엘 6장은 다니엘을 해치기 위해 황제의 규례, 법도를

나는 교부들의 역사를 읽고 또 읽으며, 사도들의 제자들이 죽은 후에 순수하고 정결했던 교회가 영혼을 그릇된 길로 인도한 사제들의 타락으로 말미암아 금세 창녀가 됐다는 사실을 발견했다. 헤게시푸스와 에우세비오스[77]를 비롯한 여러 저자가 증명하듯, 사제라는 작자들은 항상 맨 앞자리에 앉아 대접만 받으려 했기 때문이다. 사람들은 사제 선출의 전모를 몰랐다. 그랬던 탓에, 그 시점부터 진정한 공의회 개최가 불가능했다.[78] 여러 공의회와 총회에서 사제들은 정작 중요한 문제들을 내동댕이쳤다. 그러고는 교회 종소리를 어떻게 하자는 둥, 성배, 두건,

---

준수하라는 명령을 내리고, 이를 위반하면 사자 굴에 넣는 극형을 내린다. 뮌처는 이 본문을 응용해 하나님의 법도와 규례를 위반한 자들에게 하나님의 심판을 받고, 그 심판을 견뎌야 한다는 뜻으로 본문을 전개하는 것처럼 보인다.

77) 예루살렘의 헤게시푸스는 180년경에 다섯 권의 『주석서』를 썼다. 카이사랴의 에우세비오스(263-339)의 『교회사』는 헤게시푸스의 글 일부를 수록했다. 뮌처는 「독일 개신교 예배」와 「영주들을 향한 설교」 초반부에 이들의 글을 여러 번 인용한다. 위 본문은 타락한 사제들과 교회를 겨냥한 뮌처의 날 선 비판으로서, 뮌처는 에우세비오스의 『교회사』 4권 22장 46절을 그 전거로 사용한다.

78) 부패한 교회의 비민주성과 사제중심주의의 도래를 암시한다.

등불을 어떻게 사용하고 배치하자는 둥, 보좌 사제와 미사 봉사자들 어떻게 쓰자는 둥, 하여간 시답잖은 문제들로 옥신각신했다. 한 마디로, 마귀 짓이었다. 사제들은 입으로 하나님의 살아 있는 진리의 말씀을 전한 적이 없다. 단언컨대, 없다. 또 하나님의 거룩한 질서와 명령도 깊이 생각해 본 적이 없다.

모든 이들의 행위가 백일하에 드러나고 구체적으로 실현되려면, '선택받은 이들'을 '저주받은 자들'로 여기는 것과 같은 형태의 오류들이 속속들이 드러나야 했다. 하나님은 지금도 알곡과 가라지를 나누신다. 그리고 이 가라지와 같은 자들이 얼마나 오랫동안 교회를 그릇된 길로 인도했는지를 만천하에 드러내실 것이다. 교회의 비열하고 저속한 짓거리가 모조리 밝혀질 때가 왔도다! 아! 열매Äpfel가 무르익었구나! 하나님의 선택을 받은 이들도 영글었구나! 참으로 추수할 때로다! 낫을 든 하나님께서 추수할 일꾼으로 나를 부르셨도다. 나 역시 낫을 날카롭게 다듬고 벼렸다. 나는 진리에 대해 전력을 다하려는 열망에 사로잡혔고,

불경한 자들을 내 입, 손, 머리칼, 영혼, 온 존재를 동원해 저주하노라.

　사랑하는 보헤미아 사람들이여, 나는 이 사명을 감당코자 이곳에 왔다. 여러분에게 결코 다른 것을 요구하지 않겠다. 그대들이 열과 성으로 살아있는 하나님의 말씀을 연구하기를 바랄 뿐이며, 그분의 입에서 나온 말씀을 곱씹고 또 곱씹기를 원할 뿐이다. 그리하여 하나님의 살아 역사하는 말씀을 경청하지 않은 사제들이 이 세상을 얼마나 엉망진창으로 만들었는지 여러분 스스로 듣고, 보고, 파악할 수 있기를 바란다. 그리스도의 보혈을 무기로 신앙의 원수들과 맞서 싸울 수 있도록 나를 도와 달라. 나는 엘리야의 심령으로 그대들 앞에서 이 원수들의 입을 막아 버리겠다. 새로운 사도적 교회가 바로 그대들의 나라에서 시작될 것이며, 바람을 타고 온 땅에 세워지리라. 나는 사람들의 질문을 들을 준비가 됐다. 어떤 질문이든 자세하게 답하겠다. 내 지식과 농익은 전문성을 증명할 수 없다면, 차라리 이 땅에서 죽음의 자식이 되고, 저세상에서도 영원히 사망의 자식이 되겠노라. 진심으로 서약한다. 그리고 이 권고를 무시하는 자들이여, 그대들은 이미 투르크인들의 손에 넘겨진 것이나 다름없도다. 큰 화재가 일어나리니, 그 후에는 인두겁을 쓰고 그리스도에 대적하는 적그리스도가 이 세상을 다스릴 것이다. 그러나 그리스도는 소수의 택함 받은 이들에게 세세 무궁토록 이 세상을 주시리라.

1521년 카타리나 축일[79], 프라하 주민들에게

침묵하는 하나님이 아닌, 말씀하는 하나님을 경배하기를 원하는

토마스 뮌처

---

79) 11월 25일이다.